Emma   Moritz   Noah   Eddie   Flord   Pia

Christian Seltmann

Luis und Lotte
Beste Freunde für immer

Vorlesegeschichten für starke Kindergartenkinder

Mit Illustrationen von Thorsten Saleina

Christian Seltmann
studierte Geschichte, Germanistik und Philosophie. Er war Messdiener,
Pfadfinder, Rettungssanitäter, Lektor, Fernsehredakteur,
Radiosprecher, Fremdenführer und schreibt Kinderbücher.
Er lebt mit Frau, Tochter und Sohn in Coburg.

Thorsten Saleina
studierte Kommunikationsdesign in Hamburg. Nach seinem Studium
arbeitete er beinahe zehn Jahre als Grafik-Designer in diversen
Werbeagenturen, bis er sich dazu entschloss, seiner tatsächlichen
Leidenschaft, dem Zeichnen, nachzugehen. Heute illustriert er Bücher für
Kinder und Erwachsene und lebt und arbeitet in Hamburg.

Sandra Grimm
ist Diplom-Pädagogin und Kinderbuchautorin. Seit vielen Jahren beschäftigt
sie sich mit der Entwicklung und Förderung von Kindern und hat
pädagogische Anleitungen und Ratgebertexte verfasst. Sie lebt mit ihrem
Mann und ihren drei Kindern in Norddeutschland.

1. Auflage 2018
© Arena Verlag GmbH, Würzburg 2018
Alle Rechte vorbehalten
Einband und Illustrationen: Thorsten Saleina
Gesamtherstellung: Westermann Druck Zwickau GmbH
ISBN 978-3-401-71105-8

www.arena-verlag.de

Inhalt

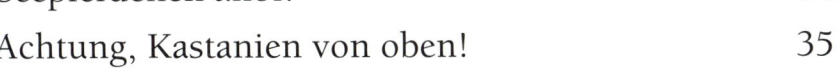

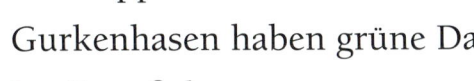

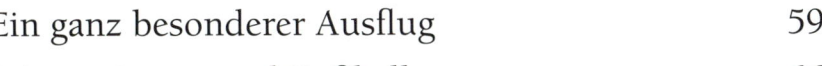

Liebe Leserinnen und Leser,

Kindergarten – für viele von uns ist das eine positive Erinnerung an fröhliche Kinder und unendliche Spiele. Nun geht Ihr eigenes Kind in den Kindergarten – und teilt dort täglich seine Erlebnisse mit vielen anderen. Hier gibt es unzählige Möglichkeiten, sich zu beschäftigen: aktive, ruhige, lernintensive, spaßige, alberne … und dazu noch jede Menge Spielpartner und Freunde.

Ihr Kind lernt eine neue große Welt außerhalb seiner eigenen Familie kennen. Es muss sich anpassen und seine eigene Persönlichkeit weiterentwickeln. Ihr Kind wird nach und nach größer und selbstbewusster werden. Im Vergleich und im Umgang mit anderen wird es feststellen, wo seine eigenen Fähigkeiten und Stärken liegen. Auch in den vielen Geschichten von Luis und Lotte wird deutlich, wie verschieden Kinder sind und wie unterschiedlich sie mit bestimmten Situationen umgehen.

Natürlich kommt es auch immer mal zu Konflikten. Da sind Kinder genau wie ihre Eltern – nur tragen sie ihre Auseinandersetzungen viel offener aus! Doch die Erzieherinnen stehen ihnen zur Seite. Und auch Freunde helfen und setzen sich für einander ein. Ihr Kind lernt, selbstbestimmt seine Grenzen zu verteidigen – ohne andere Grenzen (z. B. durch „Hauen") zu überschreiten. Eine große Aufgabe.

Zum Glück warten Sie zu Hause als Zuhörer und Tröster. Lauschen Sie, trösten Sie, unterstützen Sie – auch bei Beschwerden über Erzieherinnen. Machen Sie Ihrem Kind deutlich, dass Erwachsene sich auch irren können oder einmal falsch entscheiden.

All das ist gar nicht so leicht und dauert seine Zeit. Die bekommt Ihr Kind – und liebevolle Unterstützung von seinen Eltern ebenfalls. So steht am Ende der Kindergartenzeit „plötzlich" ein selbstbewusstes großes Schulkind vor Ihnen – was für eine Verwandlung!

Ich wünsche Ihnen und Ihrem Kind eine spannende Zeit – und viel Spaß beim Lesen!

Sandra Grimm

Der Neue

Lotte ist ganz aufgeregt. Heute kommen die Neuen. Der Gruppenraum in der Kita „Gurkenhase" ist geschmückt wie für einen Geburtstag. Seit Tagen dreht sich alles nur noch um den großen Moment, wenn die Neuen kommen. Denn im Herbst nach den Sommerferien gibt es immer neue Kinder. Das ist jedes Mal spannend. Damit kommen nämlich auch neue Namen, neue Gesichter, neue Freunde und Freundinnen. Und alles Neue, das liebt Lotte.

„Leider kriegen wir dieses Mal nur ein neues Kind", sagt Flora.

„Immerhin", sagt Lotte.

„Hoffentlich nicht so eine Zimperliese!", sagt Pia.

„So!", ruft Silke, eine der drei Erzieherinnen, und klatscht in die Hände. „Wir räumen jetzt auf."

Lotte, Flora und Pia flitzen hin und her. Eddie, Noah und Moritz werfen sich in die Spielecke. Aber da werden sie gleich wieder aufgescheucht. Und zwar von Pia: „Los, ihr Napfschnecken! Mithelfen!"

„Manno!", mault Moritz. Aber er weiß, wenn er nicht gehorcht, kann Pia ganz schön ungemütlich werden. Denn sie ist groß und stark.

Also räumen alle Kinder auf und bald sieht der Raum aus wie abgeschleckt und blank poliert.

Da geht die Tür auf und eine Mama steckt den Kopf herein.

„Hallo", sagt sie leise.

Lotte, Flora und Pia sind sofort bei ihr.

„Ja?", ruft Lotte.

„Ich …", murmelt die Frau und sieht die Kinder unsicher an. Dann schlüpft sie geheimnisvoll durch die Tür herein und zieht sie hinter sich zu.

Lotte denkt: Was hat sie denn da draußen im Flur? Einen geheimen Monster-Dinosaurier oder was?

Mona, die andere Erzieherin, kommt hinzu. Sie sagt zu der Mama: „Guten Morgen, haben Sie den Luis dabei?" Die Frau nickt und guckt besorgt.

Sie ist doch nicht beim Zahnarzt, denkt Lotte.

„Aber …" Die Mama beugt sich zu Monas Ohr und flüstert. Doch Lotte hört es trotzdem. „Er hat ein bisschen Angst", sagt die Mama.

„Das muss er nicht", ruft Flora und reißt die Tür auf. Schwups sind Pia, Lotte und Flora draußen auf dem Flur. Da hockt der Junge und blickt ängstlich zu den Mädchen hoch.

„Wir sind doch schon so viele Jungs", stöhnt Pia genervt.

Der Junge guckt sie erschrocken an und dann ganz schnell weg.

Lotte, Flora und Pia betrachten den Jungen, der neben der Bank vor den Garderobenschränken sitzt. „Wie alt bist du?", will Pia wissen.

„Fünf", sagt der Junge leise.

„Ich werde nächsten Monat sechs!", kräht Pia.

Der Junge erschrickt noch mehr. Seine Mama streicht ihm über den Kopf. „Das ist deine Kita-Gruppe, Luis." Luis sagt nichts und sieht scheu in die Gesichter der Mädchen. In Pias freches, in Floras abwartendes und in Lottes freundliches Gesicht.

Pia ruft: „Ach, komm!" Sie zieht Flora mit sich in den Gruppenraum.

Lotte bleibt bei Luis und seiner Mama. Lotte will Luis nicht alleine lassen. Er kennt ja keinen. Und dann geht Lotte auf Luis zu und sagt: „Ich bin die Lotte. Also eigentlich Luiselotte. Aber alle sagen Lotte."

Luis lächelt. Und Lotte nimmt seine Hand und sagt: „Komm, ich zeig dir alles."

Zwar windet Luis seine Hand schnell aus der von Lotte, aber er folgt ihr überallhin. „Das ist die Spielecke", erklärt Lotte. „Das sind Eddie, Noah und Moritz. Die sind ein bisschen verrückt, aber so sind Jungs ja."

Auweia, denkt Lotte. Luis ist ja auch ein Junge …

Aber schon sind sie bei den Bastelsachen. Lotte zeigt Luis die Scheren und das bunte Papier, die Stifte, den Kleber, die Bänder und gemusterten Klebestreifen und die Papierdrachen und die Osternester und alles, was sie im letzten Jahr gebastelt haben. „Das sind Jontes Schnecken!", erklärt Lotte weiter. Luis guckt in den Glaskasten mit der Erde drin. „Und da sind unsere Bücher. Unsere Vorschulsachen, weißt du. Und hier sind die Becher. Da kann man sich was zu trinken nehmen. Hier steht nachher Obst, das kannst du dir auch nehmen."

Luis' Mama kommt zu den beiden. „Luis? Soll ich noch hierbleiben?"

Pia und Flora haben das gehört. Pia grinst breit. Aber Lotte lächelt. Für sie ist es in Ordnung, wenn seine Mama dableibt. Bei allen neuen Kindern ist die Mutter am Anfang dageblieben. Manchmal sogar mehrere Tage – zur Eingewöhnung. Aber Lotte findet, dass Luis' Mama auch gehen kann. „Ich kümmere mich um ihn", sagt sie zu ihr.

„Ach?" Die Mutter guckt sie erstaunt an. Und dann lächelt sie – erleichtert. „Was meinst du?", fragt sie Luis. „Soll ich mal gehen? Die Erzieherinnen können mich ja anrufen, wenn was ist." Und damit gibt sie ihm einen Zettel. Da steht ihre Handynummer drauf, sagt sie.

Luis guckt stumm. Er greift nach dem Zettel mit Mamas Handynummer und sieht Lotte an. Die lächelt.

Und dann ist seine Mama weg und alle kommen zusammen und machen einen Stuhlkreis.

Lotte weicht Luis nicht von der Seite. Pia flüstert: „Was ist denn los? Bist du verknallt?"

Aber Lotte ist nicht verknallt. Sie kümmert sich nur um Luis. Denn er ist neu. Und er ist der einzige Neue. Und alle anderen sind nicht neu.

Nach dem Stuhlkreis gehen sie alle hinaus in den Garten und spielen Ball. Das heißt, die Jungs spielen Ball. Und Lotte merkt, dass Luis wegwill. Von ihr. Weil sie ein Mädchen ist und die Jungs schon gucken. Aber immer noch hält er den Zettel in der Hand. Bis ihm der Ball vor die Füße rollt. Da lässt Luis den Zettel fallen und schießt den Ball – ins Tor.

Lotte hebt den Zettel auf und steckt ihn ein.

„Was ist das?", will Flora wissen.

„Ach nichts", sagt Lotte.

Schnecken im Galopp

Jonte ist vier. Vor allem aber ist Jonte ein bisschen wunderlich.
Er ist ein netter Kerl, aber er spricht fast gar nicht und spielt
meistens allein. Und deshalb ist er der Schneckenwärter. In einem
großen Glaskasten wohnen Jontes Schnecken. Eigentlich ist der
Glaskasten ein altes Aquarium von Pias Papa. Aber nun ist es ein
Terrarium. Denn es ist kein Wasser drin, sondern Erde, Steine
und ein dicker Ast. Außerdem gibt es einen ganz flachen Teich,
den Jonte gemeinsam mit Ellen, der dritten Erzieherin, aus einer
Untertasse des Puppengeschirrs gebastelt hat.

Meistens machen die Schnecken nichts. Jedenfalls finden das
die anderen Kinder. Das heißt, das finden die Großen. Denn
den Kleinen sind die Schnecken völlig egal. Nur Jonte nicht. Der
kennt sie genau. Er kann sie sogar auseinanderhalten.

Jonte kann sehr lange, sehr ruhig vor dem Schnecken-Terrarium
sitzen und seine Tiere beobachten.

Draußen regnet es. Keiner will rausgehen. Alle sind drin. Jonte
sitzt vor seinem Terrarium. Da kommt Nina und hockt sich
neben Jonte. Sie tuscheln ein bisschen. Das heißt, Nina tuschelt
auf Jonte ein. Dann schüttelt sie den Kopf und rennt schnell weg.

Moritz hat das gesehen und geht zu Jonte. „Was machen die?",
fragt er.

Jonte zuckt nur mit den Achseln.

„Kann man die eigentlich auch streicheln?", will Moritz wissen.

„Meine Schildkröte zu Hause kann man streicheln. Die heißt
Hugo."

Jonte holt vorsichtig eine Schnecke aus dem Terrarium. Sie hat
sich in ihr Häuschen verzogen. Jonte legt Moritz das Häuschen
in die flache Hand. Moritz betrachtet das Häuschen. Nichts
geschieht. Jonte wartet. Moritz hockt sich hin.

„Nicht bewegen!", sagt Jonte.

Moritz versucht, die Hand ganz ruhig zu halten. Aber er wackelt.
Deshalb kommt die Schnecke nicht raus. „Die will nicht!", sagt
er und gibt Jonte die Schnecke zurück. Der legt sie ins Terrarium.
Moritz geht zu Eddie und Noah rüber.

Noah stupst Eddie an: „Wenn Jonte noch lange so dasitzt, wird er selber eine Schnecke!"

Noah lacht und jetzt zuckt Eddie mit den Achseln. Moritz streckt Jonte die Zunge raus. Aber das hat der gar nicht gesehen.

Eddie und Moritz gehen zur Spielecke und bauen die Eisenbahn auf. Aber Noah tritt von hinten an Jonte heran und sagt: „Na, wartest du, dass sie Feuer spucken, oder was?"

Jonte beachtet ihn nicht.

„Die sind doch voll öde", ruft Noah.

Jonte versucht, nicht hinzuhören. Da greift Noah in das Terrarium und klopft mit dem Fingernagel an eines der Schneckenhäuschen. Sofort zieht sich die Schnecke ängstlich in ihr Häuschen zurück.

Jonte springt auf. „He, lass Gondo in Ruhe!", schreit er Noah an.

„Gondo?", höhnt der. „Gondo? Die Schnecke heißt Gondo?" Er wendet sich zu Eddie und Moritz und brüllt quer durch den Gruppenraum: „Die Schnecke heißt Gondo!" Dann lacht er gemein.

Eddie und Moritz kommen angeschossen. Luis guckt.

„Na und?", sagt Jonte ganz ruhig. „Die haben alle Namen. Du hast ja auch einen."

„Wie heißen die denn?", fragt Noah.

Jonte versteht nicht, dass Noah sich über ihn lustig macht. Er denkt, dass Noah jetzt wirklich wissen will, wie die Schnecken heißen. Also erklärt er: „Das da, die mit den breiten gelben Streifen, das ist Bellie. Und da unter dem Salatblatt, das ist Fratti. Und wo Hinki ist, weiß ich nicht. Vielleicht unter dem Stock. Na

18

ja, und Gondo ist in seinem Haus. Weißt du ja", sagt Jonte und
guckt die drei großen Jungen begeistert an.

Noah dreht sich zu Moritz und Eddie um. „Hinki", lacht er.
„Hinki-Stinki!"

Moritz lacht und sagt: „Fratti-Platti!"

Da kommt Luis zu ihnen und bekommt mit, wie Noah kräht:
„Hinki-Stinki, Fratti-Platti, Bellie-Delli!"

Die großen Jungs lachen, nur Luis nicht. Und Jonte auch nicht,
denn der begreift, dass Noah ihn auslacht. Jonte kommen die
Tränen. Er dreht sich weg. Luis sagt zu den anderen: „Mann, jetzt
heult er!"

„Na und?", ruft Noah. Die drei hauen ab in die Spielecke.

Vom Basteltisch aus hat Lotte das Ganze beobachtet. Sie kommt
zu Jonte rüber und versucht, ihn zu trösten. Dann geht sie zu
Luis und spricht mit ihm. Wenig später hat sie gemeinsam mit
Flora und Pia ein Stück Tapete bemalt. Darauf sieht man die
Schnecken gegeneinander ein Rennen
veranstalten.

Und Luis hat mit Jonte eine Bahn gebaut. Links und rechts sind
die einzelnen Rennbahnen mit feinem Sand bestreut,
damit die Schnecken wissen, wo sie hinsollen.
Luis ruft: „Alle mal
herhören!"

Dann flüstert er:
„Wir machen ein Schneckenrennen.
Wer will Fratti mit der Startnummer eins?"
Lotte und Pia melden sich.
„Wer will Gondo mit der Zwei?", fragt Luis.

Und so verteilt er die vier Schnecken auf die Kinder der Gruppe. Dann müssen alle ganz leise sein. Jonte wedelt mit einem Salatblatt zum Start und pustet den Geruch von einem alten halbierten Apfel zu den Schnecken, die natürlich in ihren Häuschen sind. Da streckt Hinki mit der Startnummer vier seine Fühler aus dem Häuschen.

Nina kichert. „Psst!", macht Lotte. Alle sind ganz leise. Nach und nach kommen alle vier Schnecken aus ihren Häuschen und kriechen los. Und wer gewinnt? Na, die Schnecke von Jonte natürlich! Und Moritz, Noah und Eddie? Die haben leider verloren.

Lotte und der graue Tag

Es regnet in Strömen. Im Flur an der Garderobe der Kita
„Gurkenhase" stehen Gummistiefel. Gummihosen hängen an den
Haken und über jeder Heizung trocknen Mützen, Handschuhe
und Socken. Nur für Lottes nasse Hose ist kein Platz mehr.
„Willst du deine Hose die ganze Zeit festhalten?", lacht Luis.
„Nööö", mault Lotte. So ein doofer Spruch hat ihr gerade noch
gefehlt, wo sie heute so richtig schlechte Laune hat.

Im Gruppenraum laufen alle Kinder in Strumpfhosen, Leggins oder Schlafanzughosen herum. Denn sie sind auf dem Weg zurück vom Spielplatz in den Regen gekommen. Aber so richtig! Mitten in das Gewusel hinein ruft Ellen: „Und jetzt machen wir eine Kuschelparty!"

Da jubeln alle Kinder. Denn Kuschelparty, das heißt: Alle Kissen, Decken, Stofftiere und Sitzpolster werden auf einen Haufen in der Spielecke mit dem warmen Teppich geworfen und alle drücken sich aneinander. Mona kommt mit warmem Tee aus der Küche. „Heute ausnahmsweise mit Honig!", ruft sie.

Alle lassen es sich schmecken, während draußen der Regen an die Fensterscheiben prasselt. Silke holt ein dickes Buch mit Geschichten heraus. Jetzt freut sich Lotte. Vorlesen finden alle Gurkenhasen gut. Silke liest eine Geschichte über drei Nixen und ihre frechen Brüder vor. Da boxt jemand an Lottes Knie. Sie zieht das Bein weg, aber wieder rempelt sie jemand an. Lotte will nicht gestört werden, sie will zuhören. Da spürt sie ein Knie in ihrem Rücken.

„Manno!", zischt Lotte. Aber sie weiß nicht, wer das ist. Es könnte Nina sein, Moritz, Leonie oder Flora. Aber alle lauschen der Geschichte. Lotte runzelt die Stirn, dann hört sie wieder zu und ärgert sich, weil sie irgendwas in der Geschichte verpasst hat. Da tritt sie schon wieder jemand. „Jetzt hört doch mal auf, mich dauernd zu boxen", ruft sie und springt auf. Dabei schmeißt sie ein paar Becher um, Nina purzelt von einem Kissen und stößt gegen Fritz, der mit dem Kopf gegen die Wand bumst und sofort zu heulen anfängt.

„Manno!" – „Pass doch auf!" – „Lotte!"

Alle schreien durcheinander.

Lotte kommen die Tränen und sie rennt raus. Das ist so ungerecht. Dabei rutscht ihr auch noch die doofe Strumpfhose fast bis zu den Knien runter und beinahe schlägt sie deshalb lang hin.

So ein blöder Tag!

Lotte weiß nicht, was sie tun soll. Da kommt Ellen und setzt sich zu ihr. „Das war jetzt nicht so toll", sagt Ellen.

Da wird Lotte noch wütender. Sie hat doch gar nicht angefangen.

„Dauernd hat mich einer geboxt unter der Decke", ruft sie trotzig.

„Hmm", macht Ellen. „Das kommt schon mal vor."

„Ich weiß", mault Lotte und rennt aufs Klo.

Da sitzt sie nun. Und alle anderen sind drin und dürfen die Geschichte hören. Nur sie nicht. Wie blöd!

Sie sitzt und sitzt und schließlich hört sie die Stimmen von Müttern und Vätern. Und da weiß sie, dass es Zeit ist und sie bald abgeholt wird. Und dass sie die Kuschelparty verpasst hat.

Der Regen tropft ihr die Nase hinunter, als sie hinten auf dem Fahrradsitz hockt. Luis wird auch gerade abgeholt. Er kommt angerannt. „Was ist denn heute los mit dir?", will er wissen.

„Nix!", ruft Lotte wütend.

„Dann eben nicht", sagt Luis und geht beleidigt weg. Was Lotte wohl hat?, fragt er sich.

Beim Abendessen geht Luis das immer noch durch den Kopf und er fragt seinen Papa: „Wenn einer den ganzen Tag sauer ist …?"

„Ja?", fragt Papa.

„Die Lotte war heute so komisch." Dann erzählt Luis alles. Und sein Papa sagt dazu: „Manchmal ist das eben so, wenn man schlechte Laune hat oder einem einfach alles schiefgeht."

Darüber denkt Luis nach und dann fällt ihm das mit dem Boxen bei der Kuschelparty ein. Aber musste sie deshalb den Fritz vor die Wand schubsen? Lotte ist doch eigentlich gar nicht so …

Und weil Luis eben Luis ist, denkt er auch noch am nächsten Morgen darüber nach, als er Lotte sieht. Er sagt wie immer „Hallo", aber insgeheim beobachtet er sie ganz genau.

Lotte ist wie immer. Sie spielt und quatscht mit Pia und Flora. Doch als keiner hinguckt, da geht Lotte zu Fritz, hockt sich zu ihm und baut gemeinsam mit ihm einen riesigen Turm aus Lego. Das macht sie sonst nie. Das macht keines der großen Mädchen: mit einem kleinen Jungen so einen Turm bauen. Aber heute macht Lotte es. Das hat sicher einen Grund. Als Lotte zu ihm hinüberschaut, da guckt Luis schnell weg. Und sein Blick fällt auf Ellen. Die schaut auch zu Lotte und Fritz rüber. Und da ist alles wieder gut.

Das geisterhafte Motorrad

„Freitag ist Spielzeugtag!“, ruft Pia.

„Ich bringe meine neue Puppe mit, die kann weinen und pinkeln“, sagt Emma.

„Dann bring ich meinen neuen Dino mit“, sagt Moritz. „Der kann Feuer spucken und Puppen fressen!“

„Ich bringe mein Feuerwehrauto mit“, ruft Noah. „Das kann Dinos überfahren und Puppen nass spritzen!“

„Was ist denn ein Spielzeugtag?“, fragt Luis.

„Am Spielzeugtag darf jeder ein Spielzeug von zu Hause mitbringen“, erklärt Eddie.

Flora trötet durch die Spielecke: „Ich bringe mein Skateboard mit.“

Und Eddie ruft: „Ich bringe meine Gitarre mit.“

Darauf kräht Nina: „Ich bringe meine Schminkpuppe mit.“

Jonte sagt nichts. Dafür Noah: „Oder vielleicht komme ich mit meinem Motorrad.“

Luis denkt: Was für ein Motorrad denn?

„Was für ein Motorrad denn?“, will Pia auch gleich wissen. „Das siehst du dann“, sagt Noah.

„Du spinnst ja!“, ruft Pia. Und Lotte guckt nur.

Freitag ist also Spielzeugtag in der Kita „Gurkenhase". Beim Morgenkreis zeigt Nina ihre Schminkpuppe. Fritz hat einen Ritter dabei, der rot leuchtet, wenn man auf seinen Bauch drückt. Eddie klimpert auf seiner neuen Gitarre.

Luis guckt sich alles an und fragt sich, wo Noah wohl sein Motorrad hat. Das muss doch ziemlich groß sein, oder? Vielleicht, denkt Luis, vielleicht ist es draußen. Er hat es bestimmt untergestellt, weil es keinen Regen abbekommen darf. Luis ist schon ganz aufgeregt. Er fragt sich, ob sie vielleicht alle mal auf Noahs Motorrad fahren dürfen – oder nur Eddie und Moritz, die Noahs beste Freunde sind.

Jetzt ist gleich Noah dran. Aber vorher erklärt Emma noch lang und breit ihre Pinkelpuppe. Mona guckt schon ganz streng. Doch als Noah an die Reihe kommt, da zieht er ein Gummischwert hervor und sagt: „Das ist mein echtes Drachenzähmer-Schwert."

Dann ist Leonie dran, die ihren Stoffhasen erklärt. So ein langweiliges braunes, zerkautes Stoff-Ding!

Und wo ist jetzt das Motorrad?, denkt Luis. Und das sagt er auch.

Noah ist vor Schreck wie vom Donner gerührt. Er wird knallrot.

Er klammert sich an sein Gummischwert und rennt raus.

Draußen tritt er volle Kanne vor Luis' Gummistiefel. Die fliegen krachend durch die Garderobe. Dann rennt er aufs Klo und schließt sich ein.

Im Gruppenraum gucken alle auf Noahs leeren Stuhl. Pia fragt: „Was ist denn mit dem los?"

Luis ist ebenfalls aufgesprungen, und weil ihn jetzt alle anglotzen, setzt er sich gleich wieder hin.

Mona geht raus auf den Flur und kommt nach einer Weile mit Noah wieder herein. „So", sagt sie. „Jetzt gehen wir alle in den Garten."

Luis traut sich gar nicht, Noah anzugucken.

Da ruft Flora: „Was ist denn jetzt mit dem Motorrad, Noah?"

Noah guckt nicht Flora, sondern Luis an und sagt: „Du bist echt ein Blödmann!"

Luis weiß nicht, was er sagen soll. Irgendwie hat Noah ja recht. Aber er hat doch erzählt, dass er sein Motorrad mitbringt …

Silke klatscht in die Hände: „Los, raus jetzt!"

Noah rennt als Erster raus. Luis lässt sich ganz viel Zeit. Mit gesenktem Kopf schleicht er aus der Tür. Als er hinaus in den Garten kommt, hört er Pia schon krähen: „Noah, setz deinen Helm auf zum Motorradfahren."

Luis geht zum Kletterturm. Da sind Eddie, Moritz und Noah. Moritz sagt zu Luis: „Du nicht."

Da ist Luis traurig und wütend. Noah hat doch gesagt, dass er ein Motorrad hat. Und Luis hat ihm geglaubt und sich auch noch auf das Motorrad, das es gar nicht gibt, gefreut. Wie blöd! Luis setzt sich auf die Bank, wo sonst nur die Erzieherinnen sitzen.

„Was ist?", fragt Lotte.

„Nix", brummt Luis. Mit einem Mädchen gibt's da nichts zu besprechen. Selbst mit Lotte nicht.

Lotte geht zu Pia und Flora und redet mit ihnen. Dann geht Flora zu Noah. Der sieht bockig aus und stampft mit dem Fuß. Dann kommt er zu Luis. „Ich hab kein Motorrad, okay?"

„Kein Problem", sagt Luis und steht auf.

Gemeinsam gehen die beiden zum Kletterturm zu den anderen Jungen.

Seepferdchen ahoi!

Heute ist der erste Termin des wöchentlichen Schwimmkurses.
Nach dem Mittagessen geht's los. Noah und Eddie trompeten
durch die Gegend, was für tolle Piraten sie sind.

„Wir sind die größten!" – „Die wildesten!" – „Wir murksen alle
ab!"

„Na, na, na!", mahnt Mona.

Pia erzählt von den Wasserrutschen auf Mallorca. „Da gab's fünf
Stück in dem Hotel und einen Sprungturm."

Lotte fragt sich, ob das Schwimmen nicht ziemlich schwer ist.
Denn sie planscht mit ihrem Papa am liebsten immer im Flachen
herum. Da, wo sie stehen kann. Trotzdem sagt sie: „Ich kann
schon ein bisschen schwimmen."

„Ich auch!", ruft Pia.

Noah und Moritz sowieso.

„Ich frage mich, wieso ihr noch zum Schwimmkurs geht", sagt
Ellen. „Wo ihr schon alles könnt."

Lotte wird still. Eigentlich kann sie gar nicht schwimmen.

Dann fahren alle Großen mit Ellen zur Schwimmhalle. Da warten
schon ein Schwimmlehrer und eine Schwimmlehrerin auf sie.
Ralf und Jette. Die erklären den Kindern, wo die Umkleiden sind.

Lotte hat sich als eine der Ersten umgezogen und geht mit Flora in die Halle. Es gibt ein Sprungbecken mit Fünf-Meter-Turm, ein Becken mit langen Bahnen und das Kinderbecken, das sie alle kennen. Daneben ist das Pinkelbecken für die ganz Kleinen. Flora und Lotte stellen sich am Kinderbecken auf und warten. Nacheinander kommen Noah und Moritz, Eddie, Luis, Emma und Pia dazu. Und da kommt auch schon Ellen. Und die Schwimmlehrer Ralf und Jette.

Ralf fragt: „Was macht ihr denn da?"

Lotte antwortet: „Schwimmen lernen."

Ralf sagt: „Da könnt ihr doch lässig drin stehen, oder?"

Lotte nickt und dabei wird ihr mulmig, denn Jette ist währenddessen hinüber zu dem großen tiefen Becken mit den langen Bahnen gegangen, wo sie für jeden eine Schwimmhilfe bereitgelegt hat. Und die sollen jetzt angezogen werden.

Jette klatscht in die Hände. „Dann kommt mal her, ihr Frösche!"

Lotte erschrickt. Wieso denn da drüben?, denkt sie.

Die Kinder gehen zögerlich hinüber zum Erwachsenenbecken.

„Das ist ja das tiefe!", flüstert Flora. Jette hat das gehört. „Ja, aber wir bleiben im vorderen Bereich. Da könnt ihr auch noch stehen."

„Müsst ihr aber nicht, ihr könnt ja bald schwimmen!", lacht Ralf.

Die Kinder nicken.

Außerdem hat Jette noch ein riesiges Netz dabei. Da sind lange bunte Würste aus Schaumstoff und Schwimmbretter drin. Jette sagt: „Das hier ist eine Schwimmnudel!"

Flora kichert.

Jeder bekommt eine Schwimmnudel.

Noah haut seine gleich mal Moritz auf den Kopf. Sofort beginnt eine Keilerei, bei der auch Flora und Pia mitmachen.

Nur Eddie und Lotte bleiben am Beckenrand stehen.
Eddie taucht den Fuß ins Wasser. Und zieht ihn sofort zurück.
„Iiiieee! Das ist ja eiskalt!"
Alle hören auf zu hauen und kommen an den Beckenrand.
„Stimmt!", sagt Noah. „Supereiskalt."
Die anderen testen das Wasser ebenfalls. „Da geh ich nicht rein!",
ruft Pia. „Ich auch nicht", sagt Moritz. Die anderen nicken.
Lotte denkt, das geht doch nicht, sie sind doch hier, um
schwimmen zu lernen. Aber jeder klammert sich an seine Nudel,
als wäre sie warm wie eine Heizung.

Da macht es auf einmal laut PLATSCH. Ralf ist ins Wasser gesprungen und ruft: „Wer als Erster drüben am anderen Beckenrand ist, darf eine Schwimmnudel mit nach Hause nehmen! Auf die Plätze, fertig, los!"

Das lassen sich Moritz und Noah nicht zweimal sagen. Kaltes Wasser hin oder her. Sie sind doch echte Piraten! Und auch Flora und Pia sind plötzlich gar nicht mehr zu stoppen. Wie die Wilden waten sie hinüber zur anderen Seite des Schwimmbeckens. Selbst Luis und Emma sind jetzt im Wasser.

Da guckt Lotte zu Eddie. Ob sie nicht doch mitmachen sollen? „Na los!", ruft Lotte und grinst. „Das schaffen wir!"

Achtung, Kastanien von oben!

Es ist Herbst. Die Kastanie im Hof der Kita „Gurkenhase" ist voller Früchte. Wer wohl auf die Idee gekommen ist, in den Hof einer Kita einen Kastanienbaum zu pflanzen … Denn wenn man vom Tor zum Eingang will, muss man direkt unter den weit ausladenden Ästen hindurch. Und ungefähr alle dreißig Sekunden knallt eine der stacheligen Früchte herunter und platzt auf.

Direkt neben Moritz kommt jetzt eine herunter. „Hilfe!" Er zeigt hoch: „Das ist eine Killer-Kastanie."

Nach dem Morgenkreis rennen alle hinaus in den Hof. Moritz hat sich ein Spiel ausgedacht: Die Kinder stehen unter dem Baum und warten, dass die Dinger runterkommen. Wer eine abkriegt, ist raus. Das geht schnell, bald sind nur noch Luis, Lotte, Moritz, Eddie und Emma übrig. Da hört man Emma auf einmal jammern. „Ich will nicht mehr mitmachen!" Sie fängt an zu weinen. Pia und Noah kichern: „Die Heulsuse."

Lotte geht zu Emma. Sie sagt: „Ich hab Angst vor den Stacheln." Da flitzt Lotte zu ihrem Fahrrad, das am Tor geparkt steht, holt ihren Helm und setzt ihn Emma auf. Pia und Noah kriegen einen bösen Blick ab.

Das Spiel geht weiter. Luis und Lotte sind als Nächste raus.
Pia kann es nicht lassen und ruft Emma zu: „Du Feigling!" Und
zu Lotte sagt sie: „Du bist eine Spielverderberin!"
Doch Lotte geht einfach weg und lässt sie stehen.

Als am Nachmittag alle abgeholt werden, kommt Pia mit ihrer Mama aus dem Kindergarten. Und Pia hat ihren Fahrradhelm auf.

Luis stupst Lotte an. „Guck mal!"

Lotte ruft Pia zu: „Wer ist jetzt ein Feigling?"

Pia streckt Lotte die Zunge raus. Aber Lotte ist das egal.

Am nächsten Tag hat Pia sich ein neues Spiel ausgedacht. Jetzt haben alle ihre Fahrradhelme auf! Luis lacht: „Das ist doch jetzt keine Mutprobe mehr!"

„Na und?", sagt Emma.

Aber Luis hat recht. Wenn man einen Helm aufhat, dann ist es egal, wenn man eine Kastanie abkriegt. „Ich weiß was!", ruft Lotte. „Wir machen es so: Wer zuerst eine fängt, der gewinnt."

„Super!", ruft Flora. „Und der Gewinner darf …"

„Wir basteln was daraus!", sagt Lotte.

„Genau!", ruft Eddie. „Ein Killer-Kastanien-Raumschiff."

„Nein, lieber ein Schloss", schlägt Pia vor.

„Doch kein Schloss!", mault Moritz. „Eine Zombie-Burg!"

„Du bist selber ein Zombie!", sagt Pia.

Während sie noch streiten, was sie aus all den Kastanien basteln wollen, stehen sie unter dem Baum. Aber es passiert nichts. Vorsichtig guckt Moritz hoch. Tschack!, da fällt wieder eine Kastanie runter. Aber dann tut sich nichts mehr.

„Ich glaub", sagt Eddie. „Da sind fast keine mehr dran."

„Hmm", brummt Noah.

Eddie hat recht. Es hängen nur noch ganz wenige Kastanien oben an den Ästen.

„Was jetzt?", fragt Pia.

Da fällt Lottes Blick auf einen großen Haufen Kastanien, den Nina, Fritz und Leonie zusammengesammelt haben.

„Boah!", sagt Noah.

„Das sind aber unsere!", ruft Nina.

„Wir wollen damit was basteln!", erklärt Lotte.

„Ihr dürft auch mitmachen", sagt Pia.

„Nee!", ruft Fritz.

„Aber", mault Noah. „Das sind doch nicht eure. Die gehören allen."

„Wir haben sie aber gesammelt." Nina baut sich schützend vor dem Kastanienhaufen auf.

Keine Chance! An die Kastanien kommen die Großen nicht ran.

„Kein Problem", sagt Moritz. „Wir klauen sie, wenn sie Mittagsschlaf machen."

„Das ist doch fies", sagt Lotte.

„Das ist nicht fies. Das ist gerecht. Außerdem willst du doch mit den Dingern basteln", meckert Moritz. Und Lotte sagt: „Aber nicht mit geklauten Kastanien."

Da hat Lotte eine Idee und läuft zu Nina. Sie tuschelt mit ihr. Nina nickt.

Dann kommt Lotte wieder zu den Großen rüber. „Alles klar, wir können die Kastanien haben." Sie grinst. „Unter einer Bedingung." Lotte blickt Moritz an. „Wir bauen den Kleinen daraus eine Zombie-Burg!"

„Cool!", ruft Moritz.

Alle nicken. „Abgemacht."

Gemeinsam machen sie sich an die Arbeit und bauen die abgefahrenste Zombie-Kastanien-Burg, die die Welt je gesehen hat.

Das doppelte Schneewittchen

Es weihnachtet sehr. In den Schaufenstern der Läden liegen
Deko-Geschenke neben Weihnachtsmännern und
Lebkuchenhäuschen. Die Wunschlisten werden lang und länger
und in der Kita „Gurkenhase" üben alle für die Adventsfeier.
„Wir machen ein Theaterstück. Wir wollen ‚Schneewittchen'
aufführen!", erklärt Lotte ihrer Mama.
„Und wer spielt das Schneewittchen?", fragt Mama.
„Keine Ahnung!", sagt Lotte.
Aber als sie am nächsten Tag beim Morgenkreis sitzen und Ellen
das Märchen vorliest, da weiß Lotte, dass sie unbedingt das
Schneewittchen spielen will!
Und da beginnt Ellen auch schon, die Rollen zu verteilen: „Also,
Moritz, spielst du den Jäger?"
„Okay", sagt Moritz und zuckt mit den Achseln.
„Noah, kannst du den Prinzen machen?"
„Logo, kein Problem", antwortet Noah.
So verteilt Ellen nach und nach die kleinen Rollen. „Und wer
spielt nun das Schneewittchen?", fragt sie und blickt in die
Runde.
„Ich nicht", sagt Nina.

„Ich auch nicht!", ruft Emma.

Lotte sieht zu Boden. Sie traut sich kaum zu atmen.

„Ja, wer will denn das Schneewittchen spielen?", fragt Ellen wieder.

Drei Finger schnellen in die Höhe. „Ich, ich, ich!", rufen Lotte, Pia und Flora im Chor.

Ellen ist sprachlos.

„Du bist doch blond!", sagt Flora zu Lotte.

„Du doch auch", ruft Pia.

Stimmt, die Einzige der drei mit dunklen Haaren ist Pia! Und das sagt sie auch.

„Ich färbe meine schwarz!", meint Lotte trotzig. „Ich auch!", ruft Flora.

„Das ist unfair", sagt Pia beleidigt.

Eddie wird das zu blöd. Er steht auf und geht raus. Moritz und Noah hinterher. Luis guckt noch einen Moment, aber dann geht er auch.

Ellen versucht zu vermitteln: „Eine von euch kann doch die böse Königin spielen."

„Ich nicht!", sagt Lotte. „Die böse Königin ist doof!", mault Pia.

„Aber …", erklärt Silke. „Die bösen Rollen sind immer die besten."

„Nee!" Trotzig schüttelt Flora den Kopf.

Mona klatscht in die Hände. „Na, wir müssen das ja nicht jetzt entscheiden. Die Sonne kommt raus. Und wir gehen auf den Spielplatz."

Mürrisch trampeln die drei hinter den anderen her. Miteinander reden sie kein Wort.

Luis, Eddie, Moritz und Noah sind erstaunt. Emma und Nina spielen mit ihnen Superhelden-Liga. Das machen die beiden sonst nie. Vielleicht liegt es daran, dass Flora alleine auf einer Bank sitzt, Lotte lustlos mit einem Stöckchen im Sand bohrt und Pia sich auf den Turm verzogen hat.

„Oje, oje!" Silke schüttelt den Kopf.

Am nächsten Tag ist wieder Morgenkreis und nach dem Morgenkreis beginnen die Proben. Schneewittchens Mutter wird von Emma gespielt. Sie stickt an einem wunderschönen Bild, dann bringt sie eine Babypuppe zur Welt und stirbt. Luis guckt genau zu. Lotte, Pia und Flora sitzen am Rand und gucken ebenfalls.

Dann erzählt Ellen, wie es weitergeht: „Und nach einem Jahr nahm der König sich eine neue Gemahlin. Die war schön, aber neidisch und konnte es nicht leiden, dass jemand sie an Schönheit übertraf. Sie besaß einen verzauberten Spiegel. Wenn sie vor den trat und sprach …"

Ellen unterbricht sich: „Wir haben ja noch keine Königin." Sie blickt zu Pia, Flora und Lotte hinüber. Lotte mault und Pia runzelt die Stirn.

Da steht Flora auf und sagt: „Na gut, ich mach's." Sie stellt sich vor Eddie, der den Spiegel spielt, und schnauzt ihn an: „Spiegel!"

Eddie grinst und fragt: „Ja, was ist denn jetzt schon wieder?"

Alle lachen und Flora freut sich. Sie sagt mit einer gemeinen Stimme zu Eddie: „Spieglein, Spieglein an der Wand. Wer ist die Schönste im ganzen Land?"

Alle gucken begeistert.

Eddie stammelt: „Na … du, äh … Ihr, Frau Königin, Ihr seid die Schönste im ganzen Land."

„Na also", sagt Flora und stapft zu Ellen, die ihr einen Umhang aus rotem Samt um die Schultern legt und eine glitzernde Krone aufsetzt.

Sie sieht jetzt wirklich toll aus. Das finden auch Pia und Lotte.

Nun kommt Ellen zu der Stelle, wo Schneewittchen auftreten muss. „Na, habt ihr euch jetzt geeinigt?", fragt sie Pia und Lotte. Die beiden sehen einander an. Nein, sie wollen beide das Schneewittchen spielen!

„Dann spiele ich das Schneewittchen so lange, bis ihr eine Lösung gefunden habt", sagt Silke.

Lotte ist wütend. Sie muss neben Pia sitzen und zugucken, wie Silke ihre Rolle spielt. Beim Mittagessen rempelt Pia Lotte an.

Lotte faucht: „Lass das!"

Pia faucht zurück: „Pass du doch auf."

„Du bist nicht mehr meine Freundin!", ruft Lotte und rennt weg. Sie setzt sich und beguckt ihre Knie. Und dann verschwimmt alles, denn ihr kommen die Tränen. Das wollte sie gar nicht sagen. Denn Leute, die „du bist nicht mehr meine Freundin" sagen, findet Lotte richtig doof. Aber nun hat sie es gesagt. Und das tut ihr leid und deshalb heult sie.

Luis guckt: Lotte heult, Pia schmollt …

Zum Glück sagt Mona: „Jetzt ist aber mal Schluss. Das geht doch so nicht!"

Ellen tröstet Lotte. Und Silke setzt sich neben Pia.

„Können wir nicht zwei Vorstellungen machen?", schlägt Luis vor.

„Wie?", fragt Moritz.

„Ja", meint Mona. „Das ist gut!"

„Das sind doch dann viel zu wenig Zuschauer",
mault Noah.

„Und wenn in der einen Vorstellung nur drei Leute
kommen und alle anderen in der zweiten, dann ist
das echt unfair", ereifert sich Moritz.

Eddie verdreht die Augen.

Doch Luis hat noch eine Idee: „Wir könnten viel mehr Zuschauer
einladen, dann wird es richtig voll."

„Meine Oma!", ruft Emma.

„Ich bringe zwei Kinder aus dem Haus mit!", sagt Flora. „Und
meine Schwester."

„Na!", sagt Silke zu Lotte und Pia. „Was meint ihr? Jede von euch
beiden kann das Schneewittchen spielen."

Ellen fragt: „Wollt ihr das?"

Lotte nickt. Ja, das will sie. „Ja!", sagt auch Pia. Aber vor allem
wollen sich die beiden wieder vertragen.

„Hurra!", rufen alle. „Wir haben zwei Schneewittchen, das hat
sonst keiner! Nur die Gurkenhasen!"

Gurkenhasen haben grüne Daumen

Lotte steht an der Fensterbank. Sie betrachtet die kleinen Tontöpfe, die dort aufgereiht sind. Jedes der großen Kita-Kinder hat so ein Töpfchen mit einem Namensschildchen darauf. Und bei jedem kommt aus der Erde ein kleiner grüner Setzling. Das ist das Gartenprojekt der Gurkenhasen.

Lotte freut sich über die kleinen Sonnenblumen-Pflänzchen, die sich ans Licht recken. Da kommen Leonie und Fritz angerumpelt. Leonie hat eine Sprudelflasche dabei.

Halb voll mit Leitungswasser. Sie will die Pflänzchen gießen.
Sofort kommt Luis angeschossen und nimmt ihr die Flasche weg.
Leonie fängt an zu heulen.

„Luis!", ruft Lotte. „Was machst du denn da?"

„Sie gießt unsere Sonnenblumen noch kaputt", sagt Luis.
„Gestern stand hier alles unter Wasser."

Das wusste Lotte nicht, denn gestern war sie mit den anderen
draußen. Leonie flennt immer noch. Lotte erklärt ihr: „Die darf
man nur ab und zu gießen. Und dann immer nur ein bisschen."

„Aber!", schnieft Leonie. „Die Blumen haben Durst!" Sie will Luis
die Flasche wegnehmen. Doch der hält sie ganz fest. „Lass das,
Leonie!", schreit Luis.

„Verschwindet!", bellt er Leonie und Fritz an.

Fritz stampft einmal fest mit dem Fuß auf und mault: „Manno!"

Dann sind die beiden Kleinen weg. Luis sagt wütend zu Lotte:
„Wir müssen unsere Töpfe hochstellen!"

Als Lotte nichts sagt, geht Luis rüber zu den anderen Jungen. Nach dem Frühstück gehen alle raus in den Hof.

Die Kleinen spielen im Sand und ein paar der Großen fahren mit den Rollern um die Kastanie herum. Luis, Eddie und Moritz hocken in der Hecke und spielen Superhelden-Liga.

Dann muss Luis kurz mal rein. Auf dem Weg zum Klo fällt sein Blick in den Gruppenraum. Da ist doch wer! Das ist Fritz! Er ist an der Fensterbank bei den Tontöpfchen. Wie ein geölter Blitz schießt Luis zur Fensterbank. „Was machst du da?", faucht er. Fritz dreht sich zu ihm um. „Nix!", sagt er.

„Lüg nicht!", ruft Luis und zeigt auf Floras Tontopf. Da ist ein Loch neben dem Setzling in der Erde. „Zeig mal deine Finger!" Fritz, der gehörigen Respekt vor dem großen Luis hat, zeigt seine Hände vor. „Aha!", sagt Luis. Fritz' Hände sind voller Erde. „Hast du dadrin rumgebohrt?", fragt Luis ihn.

„Nein!", lügt Fritz. Luis sieht ihn streng an und hält seine Handgelenke fest. „Lüg nicht!" Da reißt Fritz sich los und ruft: „Du bist ein Kackabumm!" Und weg ist er.

Luis ärgert sich, streicht die Erde in Floras Töpfchen wieder glatt und geht hinaus. Als er auf den Hof kommt, sieht Mona ihn mit strengem Blick an. Weil er so lange drinnen war. Luis guckt, wo Fritz ist. Fritz streckt ihm die Zunge raus. Na warte, denkt Luis und will zu ihm hinüberlaufen.

Da ruft Ellen: „Aufräumen!"

Jetzt ärgert Luis sich. Obwohl er fast gar nicht mitgespielt hat, muss er beim Aufräumen helfen.

Am Nachmittag werden nach und nach alle Kinder abgeholt.

Schließlich sind nur noch Lotte, Luis, Leonie und Fritz übrig.
Ellen sagt: „Soll ich was vorlesen?"
„Au ja!", ruft Lotte. Luis und Lotte nehmen sich etwas zu trinken
und setzen sich mit Ellen in die Kuschelecke. Leonie und Fritz
sitzen auf einem Spielteppich und fummeln mit Bauklötzen
herum. Ellen liest.
Lotte und Luis bekommen nicht mit, dass Fritz und Leonie auf
einmal weg sind. Dann wird Leonie abgeholt, dann Fritz.
„So!", sagt Ellen und klappt das Buch zu.
„Oh nein!" Das ist Lotte. „Was denn?", ruft Luis und kommt zu
Lotte. Die steht an der Fensterbank vor den Töpfen. Aus fast allen
sind die kleinen Sonnenblumen-Pflänzchen herausgezogen. Lotte
hat Tränen in den Augen.

Luis ist wütend: „Das sollen sie büßen."

„Na warte!", sagt Lotte.

Ellen versucht, die beiden zu beruhigen. „Das bekommen wir schon wieder hin. Seht mal, die Wurzeln sind überall noch dran. Die drücken wir einfach vorsichtig wieder in die Erde."

Am nächsten Tag stellt Luis Leonie zur Rede. „Wir haben euch doch gesagt, dass ihr die Finger von den Töpfen lassen sollt!" Lotte steht daneben.

Leonie ist pampig. „Ich war das gar nicht!"

„Wer war es denn dann?", will Lotte wissen.

„Der!" Leonie zeigt auf Fritz, der gerade einen riesigen Turm aus Legosteinen baut. Lotte und Luis flitzen zu ihm hinüber. Fritz erschreckt sich, als er die beiden kommen sieht, und sein Turm stürzt krachend in sich zusammen. Dann fängt er an zu heulen.

„Heul hier nicht rum!", sagt Luis. „Du hast alles kaputt gemacht", ergänzt Lotte.

„Ihr habt meinen Turm kaputt gemacht!", schreit Fritz.

„Dein blöder Turm ist mir egal!", sagt Luis.

„Du hast gestern unsere Sonnenblumen ausgerupft." Lotte ist richtig sauer.

„Mein Turm ist kaputt", heult Fritz.

„Was ist denn hier los?", will Mona wissen.

Luis und Lotte erklären es.

„Stimmt das?", fragt Mona den schniefenden Fritz.

Der schüttelt den Kopf.

„Lüg nicht!", faucht Luis.

„Ich lüg gar nicht", schreit Fritz. „Die war's!" Er zeigt auf Leonie.

Schließlich steht die ganze Kita-Gruppe um Fritz und Leonie herum.

Leonie fängt an zu weinen. Gerade als Fritz wieder aufgehört hat.

„Ich war's nicht!"

„Ich auch nicht!" Fritz stampft auf und rennt raus. „Hinterher!", ruft Eddie. Die Jungen schnappen sich Fritz. Die Mädchen stehen um Leonie herum.

„So geht das nicht!", sagt Mona.

„Aber wir müssen wissen, wer schuld ist", ruft Lotte.

„Wir müssen gar nichts!", sagt Mona.

„Das ist aber ungerecht!", mault Lotte.

„Ich habe eine Idee", beginnt Mona. „Jeder von euch Großen pflanzt mit einem von den Kleinen auch ein Töpfchen und ihr pflegt die Sonnenblumen dann gemeinsam. Ja?"

Die Großen sehen einander an. Dann sehen sie die Kleinen an. Neee, das wollen sie wirklich nicht! Das versteht auch Mona.

„Ich weiß was", sagt Lotte auf einmal. „Wir pflanzen Kresse und Schnittlauch für die Kleinen."

Pia freut sich: „Ja, das wächst schnell und …"

„… man kann das essen", ergänzt Emma.

„Wir können auch etwas daraus basteln", schlägt Mona vor.

„Ja!", ruft Lotte begeistert. „Schnittlauch-Igel und Kresse-Trolle."

Da schaltet sich Luis ein: „Und vielleicht bauen die Kleinen dann noch ein paar Zäune und Burgmauern?"

„Ja genau!", sagt Moritz. „Ganz hoch sollten die sein, denn eine Horde von Dinos hat es auf den Garten der Großen abgesehen."

„Und Katapulte!", ruft Noah lachend. „Und gefährliche Fallgruben!"

Und so machen sich alle gemeinsam ans Werk. Das zweite Gartenprojekt der Gurkenhasen wird gleich gestartet!

Im Osterfieber

Es ist Frühling geworden. Die Großen basteln. Lotte klebt ein
Schwänzchen aus aufgebauschter Watte an ihren Hasen. „Fertig!"
Stolz betrachtet sie die Osterhasenfigur aus Pappe und einem
kleinen Luftballon. Die sind für das Kita-Osterfest heute
Nachmittag!

Die Kleinen haben in der Zeit mit Ellen Osternestchen für alle
gebastelt. Aus grünem und gelbem Stroh.

„So", sagt Mona. „Dann stellt mal alle Nester hier auf den Wagen."
Sie deutet auf den großen Servierwagen, auf dem sie mittags
und nachmittags Essen aus der Küche holen und das gebrauchte
Geschirr zurückbringen.

Die Kinder stellen ihre Nester auf den Wagen. „Und jetzt …",
sagt Mona geheimnisvoll und schiebt den Wagen hinaus. „Bereite
ich alles für die Osterüberraschung vor."

Noah, Moritz und Luis grinsen sich zu.

Die Erzieherinnen Ellen und Silke sind mit den Kleinen und
dem Aufräumen beschäftigt.

„Los, kommt!", flüstert Noah. Luis und Moritz huschen mit ihm
hinaus. Den Gang hinunter zur Küche. Da ist kein Servierwagen
und auch keine Mona.

Dann schauen sie in den Waschraum. Und tatsächlich: Da ist Mona. Sie versteckt sich da und befüllt die Nester mit Süßigkeiten. Die Jungen bekommen leuchtende Augen.

Als Mona den Wagen hinaus auf die Terrasse schiebt, pirschen die drei hinterher. Sie beobachten, wo Mona die Osternester versteckt. Luis läuft das Wasser im Mund zusammen.

Dann flitzen sie zurück in den Gruppenraum. Gerade noch rechtzeitig, denn da kommt Mona herein. „So!", sagt sie und klatscht in die Hände. „Und jetzt machen wir erst mal unseren Singkreis."

Moritz muss mal. Die anderen singen weiter. Dann räumen alle auf. Sie tragen Kissen an ihren Platz, stellen Bücher auf und wischen die Tische ab. Luis muss auch mal. Und Noah auch. Angeblich. Denn in Wirklichkeit haben sich Moritz, Noah und Luis rausgeschlichen. Das ist streng verboten!

„Wo sind die Nester?", flüstert Noah.

Gleich auf der Terrasse finden sie das erste. Im Nu ist es leer gefressen. Das ist lecker.

„Da ist noch eins!", ruft Noah. Und auch das ist bald leer. So wie ein drittes.

Dann sagt Luis: „Wir müssen aufhören."

Moritz sagt: „Du hast da Schokolade!" Und zeigt auf Noahs Gesicht.

„Du auch", kaut der. Luis leckt sich die Finger ab. Da erklingt der Gong zum Mittagessen. Die drei schleichen von der Terrasse zurück in den Gruppenraum. Mona scheint nichts bemerkt zu

haben. Und beim Mittagessen müssen sich die drei zwingen,
etwas runterzukriegen. Denn eigentlich sind sie pappsatt …

Nach dem Mittagessen verkündet Mona fröhlich: „Und jetzt
findet das große Osternester-Suchen im Garten statt!" Alle jubeln.
Nur Moritz, Noah und Luis kriegen rote Ohren. „Ich weiß, was
wir machen", sagt Luis. „Wir suchen ganz schnell ein paar volle
Nester und verteilen die Süßigkeiten auf die drei leeren Nester,
die wir vorhin auf der Terrasse gefunden haben."

„Gute Idee!", flüstert Moritz.

Die drei suchen wie die Wilden. „Da ist eins!" Noah hat ein Nest
entdeckt, hinter der Spielhütte. Doch Pia ist schneller und stürzt
sich auf das Nest.

„Nein", ruft Noah. „Ich hab's zuerst gesehen."

„Aber ich hab's jetzt", sagt Pia und schnappt es sich.

Luis sucht und sucht, aber er kommt immer zu spät. Nur Moritz hat noch ein Nest gefunden. Die drei Jungen flüstern sich zu: „Das reicht doch nicht."

„Wir polstern die leeren mit Gras aus", meint Noah.

„Genau!" Moritz zupft ein paar Grasbüschel aus.

„Hier sind die leeren Nester", raunt Luis.

Hektisch verteilen die drei Jungen die Süßigkeiten aus dem vollen Nest auf die drei leeren Nester. Es sieht ziemlich mickrig aus.

„Was macht ihr denn da?", will Flora plötzlich wissen. Sie steht hinter den dreien und hat alles, na ja, jedenfalls ziemlich viel gesehen.

„Nix", sagt Noah und stellt sich zwischen sie und die Nester.

Doch Flora lässt nicht locker: „Was macht ihr mit den Nestern?"

„Nix", sagt Noah wieder.

Jetzt wird Flora erst recht misstrauisch, denn so wortkarg ist Noah sonst nie. Schon stehen Emma, Pia und Lotte neben Flora.

„Ihr habt ein Nest zu viel!", kräht Flora.

Luis merkt, dass er rot wird. Er guckt vorsichtig zu den vier Nestern, die überhaupt nicht so schön voll aussehen wie die, die Mona versteckt hat. „Silke! Die Jungs haben ein Nest geklaut!", ruft Pia. Jetzt kommt Silke auch noch dazu. So ein Mist, denkt Luis.

Schnell ist alles klar. Silke, die sonst immer so lieb ist, wird fürchterlich wütend. „Ihr habt vorhin die Osternester geplündert! Und ihr seid heimlich auf die Terrasse rausgegangen. Ihr wisst, dass ihr das nicht dürft!"

Die drei Übeltäter stehen ziemlich bedröppelt da. Flora und Pia sind zufrieden.

Als das Donnerwetter von Silke vorbei ist, sagt Lotte zu Luis: „Es war ja auch blöd von Mona, die Nester so lange vorher zu verstecken." Da fällt ihr Blick auf Mona. Auweia! Die hat das gehört. Aber sie sagt nichts, sondern geht einfach rein zu Silke. Lotte hat ein schlechtes Gewissen. Aber es stimmt doch!

Da klingelt Mona auf einmal mit dem Glöckchen, das sie nur zu besonderen Gelegenheiten benutzen. Alle kommen zusammen.

Mona erklärt: „Das war keine so gute Idee von mir, die Sachen zu verstecken und dann zu verlangen, dass ihr so geduldig seid. Aber ihr dürft auch nicht alleine rausgehen." Sie sieht Luis, Moritz und Noah an. Die drei nicken.

„Na gut", sagt Noah dann und grinst. „Wir vergeben dir."

„Da bin ich aber beruhigt! Und wie machen wir das jetzt?", fragt Silke und sieht in die Runde.

„Äh", sagt Luis. „Wir geben das vierte Nest natürlich zurück!"

„Und ihr kriegt nix mehr!", kräht Pia.

Und so machen sie es. Noah, Luis und Moritz gehen jetzt leer aus. Denn ein bisschen Strafe muss ja sein!

Aber als alle anderen Kinder fröhlich futtern, kommt Lotte zu den drei Jungen und hat für jeden ein Schoko-Ei dabei.

Ein ganz besonderer Ausflug

„Noah!", ruft Pia. „Was ist das denn?" Sie steht neben den vier neuen Abfallkörben und hat gesehen, wie Noah einen zerknüllten Zettel in den Plastikmüll geworfen hat. „Das ist Papier. Das gehört da nicht rein."

„Manno!", mault Noah. Aber Pia ist stark und deshalb kommt Noah, nimmt die Papierkugel und legt sie in den Papiermüll. Unter den strengen Blicken von Pia.

Moritz und Eddie lachen sich halb kaputt darüber. Noah findet das überhaupt nicht lustig.

Aber diese Woche machen die Großen eben ein Müllprojekt. Und die Mädchen nehmen das besonders ernst.

Die Müllabfuhr hat dafür Material geliefert: Plakate, Bilder und sogar Bastelbögen. Gemeinsam mit Mona, Ellen und Silke erkunden sie, wie was wo getrennt wird, in welche Tonne welcher Müll kommt und was schließlich mit dem Müll passiert. Es ist schon fast wie in der Schule. Bald wissen die Kinder alles über das Müllsortieren und dass unser Planet untergehen wird, wenn der Müll nicht fein säuberlich getrennt wird. Oder so.

„Ja, er explodiert!", schreit Moritz. „Weil die alten Batterien sich selbst anzünden und dann macht es BUMM!"

„Du machst auch Bumm!", sagt Pia. Sie findet die Jungs doof. Denn allen voran Noah und Moritz machen sich einen Spaß daraus, falschen Müll in falsche Tonnen zu legen: Papier zum Glas, Plastik zum Kompost und so weiter.

Flora und Pia nehmen das aber sehr genau!

Und Lotte findet alles doof: sowohl, dass die Jungs die Mülltrennung nicht ernst nehmen, und auch, dass Pia und Flora so ausflippen.

Dann kommt der große Tag, an dem die Kinder den Hof der Müllabfuhr angucken dürfen.

„Ich fahre als Erster auf dem Müllauto!", ruft Moritz.

Luis ist gespannt auf den Hof.

Sie gehen über den Bahndamm, die Brücke hoch. Und von oben auf der Brücke kann man den Müllhof liegen sehen.

Orangefarbene Müllautos, aber auch ein paar grüne und blaue kurven zwischen großen Containern herum.

Auf dem Hof erwartet sie ein Müllmann. Er trägt seine orangefarbenen Sachen und heißt Siggi. „Hallo, ihr Racker!", sagt er und Luis fragt sich, was wohl ein Racker ist. „Ihr wisst sicher mehr über den Müll als ich, oder?", ruft Siggi und guckt aus blitzenden, fröhlichen Augen in die Runde.

Keiner sagt etwas. Und Siggi macht ein ernstes Gesicht. Aber Luis merkt, dass das nur gespielt ist. Er meldet sich – wie in der Schule. Obwohl ihm das ein bisschen komisch vorkommt.

„Ja, mein Junge!", ruft Siggi und zeigt auf Luis.

Jetzt sehen alle Luis an und er muss etwas sagen. Dabei hat er eigentlich nur zeigen wollen, dass sie etwas über Müll wissen. Alle warten. Und deshalb fragt Siggi: „Was ist das Wichtigste am Müll?"

„Das Trennen?", sagt Luis.

„Genau", lacht der Müllmann.

Und Luis ist froh, dass er nichts Falsches gesagt hat.

„Warum soll man denn den Müll trennen?", fragt Siggi.

Alle gucken wieder Luis an. Aber Siggi, der Müllmann, lacht: „Nee, jetzt mal wer anders."

„Weil man den wiederverwenden kann?", fragt Flora.

„Genau!", sagt Siggi, während sich hinter ihm ein Müllauto in die Kurve legt. „Müll ist wertvoll."

„Siehste!", zischt Pia zu den Jungen rüber.

Noah tut so, als ginge ihn das alles nichts an.

„Können denn das alle von euch? Den Müll richtig sortieren?

Am besten wir machen mal eine Runde hier über den Hof", sagt
Siggi.

Da sind sie schon an den großen Containern, vor denen Leute
stehen, die mit riesigen Handschuhen Sachen sortieren, und
ständig fahren Müllautos vorbei und die Müllmänner springen ab,
obwohl die Laster noch fahren, aber sie scheinen das immer so
zu machen. Luis findet sie sehr mutig. Er denkt, dass er sich so
etwas nie im Leben trauen würde. Dann stehen sie selbst vor dem
Müllauto.

Siggi sagt: „Wer das Mülltrennen richtig kann, der darf Müllauto
fahren."

Alle gucken.

Pia grinst zu Noah, Eddie und Moritz rüber. Flora streckt Noah
die Zunge raus. Der ist mittlerweile gar nicht mehr so frech
und mutig. Moritz auch nicht. Eddie guckt nur groß. Denn alle

wollen mit dem Müllauto fahren, und wenn jetzt rauskommt, dass Noah, Eddie und Moritz das mit dem Müll nicht so richtig ernst genommen haben, dann dürfen sie bestimmt nicht mitfahren.

Da meldet sich Pia schon und ruft: „Die Jungs machen immer alles falsch!"

„Ja!", sagt Flora. „Die werfen immer die falschen Sachen in die Tonnen."

„Papier zum Glas. Plastik in den Restmüll und so", erklärt Pia.

Noah, Eddie und Moritz gucken wütend und enttäuscht.

Siggi schaut zu den drei Jungen. „Stimmt das?", fragt Siggi. „Wisst ihr denn nicht, welcher Müll in welche Tonne muss?"

Noah, Eddie und Moritz maulen. „Doch", murmelt Moritz
schließlich.

„Und warum werft ihr dann immer alles in die falschen Tonnen?",
ruft Pia.

„Und warum verpetzt ihr uns jetzt?", ruft Noah zurück. Das hat
gesessen. Alle Gurkenhasen sind still. Das kommt selten genug
vor.

Siggi grinst. „Also, Freunde. Ich geh mir jetzt einen Kaffee holen,
und wenn ich wiederkomme, dann habt ihr das geklärt, sonst
fährt hier keiner mit dem Müllauto, klar?"

Wenig später sitzen die Kinder auf dem nahen Spielplatz und
kauen auf ihren Vesperbroten. Mona sagt: „Petzen ist falsch und
absichtlich Müll-Durcheinanderbringen ist auch falsch. Was
machen wir jetzt?"

„Es ist aber ungerecht, wenn die Jungs Müllauto fahren dürfen,
wo sie alles falsch machen", sagt Lotte.

„Und das absichtlich", ergänzt Flora.

„Warum habt ihr das denn gemacht?", will Ellen von den Jungen
wissen.

„Weil die Mädchen immer die Oberschlausten sein wollen", sagt
Eddie.

„Sind wir auch", sagt Pia siegessicher.

„Seid ihr nicht!", ruft Noah.

„Ihr seid Petzen!", sagt Moritz beleidigt.

„Und ihr seid Spielverderber", sagt Flora.

„Halt", schlichtet Mona. „So kommen wir nicht weiter."

Es dauert, bis die Kinder sich einig sind. Fast fließen Tränen. Die

Mädchen meckern und die Jungs maulen. Aber dann stehen die Gurkenhasen wieder auf dem Müllhof.

Da kommt Siggi. „Na?", fragt er. „Habt ihr das geklärt?"

Pia tritt vor: „Die Jungs werden bestraft für das Müllvertauschen!"

Siggi nickt.

Lotte sagt: „Eine Woche lang bekommen wir den Nachtisch von den Jungs."

Siggi lacht. „Eine Woche?" Er dreht sich zu den Jungen.

Moritz grinst und sagt: „Und weil die Mädchen gepetzt haben, bekommen wir eine Woche lang den Nachtisch von denen."

Siggi stutzt. „Äh, dann kriegen alle Nachtisch?"

Die Kinder nicken.

„Na, ihr nehmt das ja ernst", lacht Siggi. „Wollen wir dann mal fahren?"

Alle nicken begeistert.

„Wer will zuerst?", fragt Siggi.

„Wir!", ruft Lotte und stellt sich mit Luis vor Siggi auf.

Prinzessinnen und Fußball

Es regnet seit einer Woche. Trübsinnig hängen Pia, Flora und Lotte an der Fensterbank und schauen hinaus in den Regen. Es plitscht und platscht und tropft.

„Mir ist so langweilig", jammert Pia.

„Mir auch", stöhnt Flora.

Lotte sagt nichts. Sie ist zu schlapp und gelangweilt, um überhaupt etwas zu sagen.

Da kommt Silke zu ihnen. „Na, ihr trüben Tassen."

„Manno", mault Flora. „Das ist so öde."

Silke überlegt kurz. Dann sagt sie: „Morgen soll es schön werden."

„Morgen ist nicht heute", mault Pia.

Lotte nickt.

„Ich weiß was", sagt Silke. „Wir machen einen Wettbewerb."

„Was für einen Wettbewerb?", will Moritz wissen, der im Vorbeischlurfen zugehört hat.

„Ähm", überlegt Silke und blickt aus dem Fenster. „Einen Garten-Wettbewerb!"

„Ein Garten-Wettbewerb?", fragt Noah beim Mittagessen. „Was soll das denn sein?"

Silke erklärt: „Es hat jetzt geregnet und geregnet und guckt mal

raus: Die Wiese muss dringend gemäht werden. Die steht so hoch, da könnten wir ein Muster reinmähen. Morgen soll der Hausmeister kommen und wir machen ihm eine Zeichnung, was er mähen soll."

Lotte findet die Idee sofort toll. „Und vorher pflücken wir noch ein paar von den Blumen und binden Kränze."

„Und …", ruft Moritz. „Wir legen aus Steinen ein Mosaik. Das hab ich schon mal im Urlaub gesehen bei einem Schloss."

„Ja, wir machen einen Schlossgarten!", schlägt Lotte vor. „Mit Prinzessinnen!", ruft Nina begeistert.

„Ich bin die Prinzessin!", sagt Lotte und ärgert sich ein bisschen, dass sie das so vorlaut rausgetönt hat. Aber gesagt ist gesagt.

„Ich will auch eine Prinzessin sein!", ruft Nina.

Luis überlegt. Dann sagt er: „Wir könnten ein Schachbrett mähen lassen und Schach spielen."

Aber Pia wendet ein: „Von uns kann doch keiner Schach!"

„Ich schon", sagt Luis.

„Ich auch!", ruft Moritz.

„Ich will aber lieber eine Prinzessin sein", sagt Nina. Und deshalb schlägt Mona vor: „Am besten wir machen vorher einen Malwettbewerb. Jeder malt seine Ideen auf und heute Nachmittag entscheiden wir das."

Mit Feuereifer malen alle Kinder Bilder von ihrem Traumgarten.

Lotte, Pia, Flora, Moritz, Noah und Luis widmen sich dem Rasen. Da soll ein Blumenmuster rein, wenn es nach Lotte geht. Sie gibt sich wahnsinnig viel Mühe mit ihrem Bild. Es ist richtig toll geworden, findet sie. Bestimmt gewinnt ihr Vorschlag!

Am Nachmittag zeigen alle ihre Entwürfe. Lang und breit erklärt Lotte ihr Bild und was der Hausmeister mähen soll: eine große Prinzessinnen-Blume. Schließlich möchte Lotte darum herum auch noch ein paar Sonnenblumen säen und einen Weg aus bunten Steinen bis zur Spielhütte legen. Dann ist Pia an der Reihe: „Wir lassen hier auf der einen Seite einen bunten Blumenrasen stehen und da auf der anderen Seite machen wir einen Fußballrasen für die Jungs".

„Ja!", brüllen die Jungen. Pia freut sich. Lotte guckt. Das findet sie ziemlich einfallslos.

Flora will ein lachendes Gesicht in den Rasen mähen lassen, Luis ein Schachbrett und Moritz einen Dinokopf. Und dann zeigt Lotte noch mal auf ihr Bild mit dem Spazierweg für die Prinzessinnen vom Hof zur Spielhütte: „Das wird unser Tee-Pavillon und daneben könnten wir auch noch ein Wappen aus den bunten Steinen legen." Lotte ist Feuer und Flamme für ihre Idee. Aber sonderlich begeistert sehen die anderen nicht aus. Pia schmollt sogar, weil Lotte zweimal ihre Garten-Idee vorstellen durfte und sie nicht.

„Jetzt kommen wir zur Abstimmung", sagt Silke. Wer die meisten Handzeichen bekommt, gewinnt. Und das ist … Pias Vorschlag! Alle freuen sich.

Nur Lotte ist sauer. „Das ist so gemein!", mault sie.
Durch den Regen stapft Lotte mit ihrem Papa nach Hause.
Es heitert sie noch nicht einmal auf, dass dabei die Sonne
herauskommt. Und das Eis will auch nicht schmecken.

Am nächsten Tag sind alle im Garten und sie warten gespannt
auf den Hausmeister. Pia hält ihre Zeichnung in der Hand. Lotte
ist immer noch enttäuscht. Da kommt der Hausmeister. Er schaut
die versammelten Kinder erstaunt an. „Wartet ihr auf was?"
„Ja, auf Sie!", sagt Pia.

Nachdem Silke ihm erklärt hat, was die Kinder vorhaben, runzelt der Hausmeister die Stirn: „Hmm, da muss ich aber mal überlegen." Dann sagt er: „Ja, das geht." Er beginnt zu mähen.

Nach einer Weile sagt Luis: „Wo ist eigentlich Lotte?"

„Stimmt", meint Mona. „Sie ist nirgends zu sehen."

Nun suchen alle Lotte. Schließlich findet Luis sie im Waschraum. „Was machst du denn hier drin?"

„Nix", brummelt Lotte. „Ach, komm schon", sagt Luis.

„Nein", bockt Lotte.

„Ist es, weil Pias Idee gewonnen hat?", fragt Luis.

„Hmm …", brummelt Lotte wieder. „Ich glaub schon. So ein Prinzessinnen-Garten wär doch toll gewesen."

„Man kann eben nicht immer bestimmen", erklärt Luis. Und klingt dabei ein bisschen wie Lottes Papa. Das kommt Lotte jedenfalls so vor.

„Kommst du jetzt mit raus?", fragt Luis weiter. „Ich glaube, gleich gibt es Eis draußen."

Das wirkt. Lotte schleicht hinter Luis her und betrachtet den Garten. Eigentlich ist er sehr schön geworden. Die Jungen können Fußball spielen und die Mädchen haben ihren Blumengarten. Da kommt Pia und hält ihr ein Eis hin. „Na, Lotte?"

Die Sitzenbleiber

„Du kommst doch noch gar nicht in die Schule!", schreit Pia.
Emma starrt sie an. Und bricht in Tränen aus. Pia stampft mit
dem Fuß auf und dreht sich weg. Dann setzt sie sich in den
Schatten.

Die Jungen bekommen davon überhaupt nichts mit, denn
es ist tierisch heiß und alle springen um die Wasserblume
herum – eine schwankende Brause-Blume, die an den langen
Gartenschlauch angeschlossen wird. Alle haben nur noch einen
Schlüpfer an und sind klatschnass.

„Was ist denn passiert?", will Lotte von Flora wissen.
Die zuckt nur mit den Achseln. Dann setzt sich Lotte zu Emma.
Die schnieft und bibbert und ist jetzt nur noch stinksauer. „Die
ist blöd!", faucht Emma und guckt wütend zu Pia hinüber.

„Was ist denn passiert?", will Lotte wissen.
Emma spuckt die Wörter aus: „Sie hat gesagt, wir wären noch
Babys!"

„Wer?", fragt Lotte. „Na wir!", ruft Emma.
„Wer wir?", fragt Lotte noch mal. „Ich und du!", sagt Emma.
„Sitzenbleiber hat sie uns genannt."

Dazu muss man wissen, dass Flora, Pia, Eddie und Noah nach

den Sommerferien in die Schule kommen. Sie haben schon einen Ranzen. Pia war mit ihrer Mama ein Kleid für die Einschulung kaufen. Bei Flora kommen beide Großeltern-Paare zu Besuch und sie gehen nach der Einschulung in ein Restaurant. Tag für Tag haben Emma, Luis, Moritz und Lotte dabeigesessen, wenn die Schulkinder, wie sie sich nennen, über ihre Klasse, ihre Schule, ihren Schulweg, ihre Federmäppchen, Hefte, Bücher und Sportbeutel gequasselt haben. Alles Sachen, die die vier nicht haben.

Aber weder Emma noch Luis noch Moritz noch Lotte haben etwas dazu gesagt. Weil sie eifersüchtig sind und die Schule so toll finden.

Aber jetzt wird auch Lotte wütend: „Sitzenbleiber? Die soll mich kennenlernen." Sie geht rüber zu Pia und will ihr richtig die Meinung sagen. Aber als sie vor Pia steht, da weiß Lotte nicht mehr, was sie sagen soll. Und sagt das, was eigentlich alle Mädchen doof finden: „Du bist nicht mehr meine Freundin!" Sie wird rot, dreht sich um und geht weg. Dann setzt sie sich wieder neben Emma.

So sitzen sie eine Weile. „Sie ist nicht mehr meine Freundin", sagt Lotte. „Das hab ich zu Pia gesagt." Und Emma antwortet: „Das ist doch Erpressung."

Das hat ihnen Silke erklärt. Wer sagt: „Du bist nicht mehr meine Freundin", der benimmt sich unfair und versucht, den anderen zu erpressen.

Lotte sagt nichts. Es ist ihr peinlich.

„Wer ist nicht mehr deine Freundin?", fragt da auf einmal eine Jungenstimme hinter ihnen. Die beiden Mädchen drehen sich um. Da steht Luis.

„Ach, das verstehst du nicht", sagt Emma.

„Ach so", brummt Luis. Er bohrt mit den nackten Zehen im Sand.

„Wir sind die Sitzenbleiber", sagt Lotte schmollend.

„Ach, die blasen sich doch nur so auf", meint Luis.

Dann sind alle drei wieder ruhig. Bis Moritz dazukommt. „Die machen jetzt Schule!", ruft er und zeigt zu Pia, Flora, Noah und Eddie rüber.

Silke scheucht die vier ins Haus, denn sie müssen jetzt tatsächlich irgendwelchen Vorschulkram machen. Am Anfang waren alle ganz wild darauf, aber seitdem das Wetter so toll ist, nicht mehr.

„Dann machen wir jetzt Kita!", ruft Lotte und springt jauchzend zur Brause-Blume hinüber, hält sie fest und spritzt Moritz, Luis und Emma nass. Alle jubeln und freuen sich, dass sie noch nicht in die Schule müssen. „Wir sind die Sitzenbleiber! Wir sind die Sitzenbleiber!", rufen sie fröhlich.

„Was macht ihr da?" Auf einmal steht Flora neben ihnen und will mitspielen.

„Nix!", sagt Emma.

„Ach, komm, lass sie doch", sagt Lotte. „Wir spielen Sitzenbleiber mit der Brause-Blume."

„Wir sind jetzt fertig mit der Vorschule", erklärt Flora.

Da geht Lotte zu Pia und sagt: „Es tut mir leid."

Pia nickt und geht zu Emma: „Entschuldigung!"

Luis packt die Brause-Blume und spritzt jetzt auch Flora und Pia pitschnass.

„Na warte!" – „Den schnappen wir uns!" – „Auf ihn mit Gebrüll!"

Gemeinsam jagen die Mädchen Luis quer durch den Garten der Gurkenhasen.

Wie können Sie Ihr Kind gut im Kindergartenalltag begleiten?

Sicher ahnen Sie es schon: Hören Sie ihm zu. Oft hilft es, nicht zu allgemein zu fragen, also z. B. „Wie war es?", sondern konkrete Fragen zum Alltag zu stellen wie „Auf welchem Spielgerät hast du heute draußen gespielt?". Manchen Kindern tut es auch gut, wenn Sie gemeinsam mit ihm überlegen, was das schönste oder lustigste oder ärgerlichste Erlebnis des Tages war. Und wenn es dann erzählt – hören Sie gut zu! Wir Großen neigen dazu, viel zu rasch zu unterbrechen, während die Kinder noch ihre Gedanken sortieren ...

Manchmal fallen die ersten Tage und Wochen im Kindergarten schwer. Es ist gar nicht so einfach loszulassen, das gilt für Kinder und auch für uns Eltern. Geben Sie Ihrem Kind das Gefühl, dass Sie an es glauben: *Du bist ein tolles Kind, du schaffst das schon!* Das können Sie gar nicht oft genug sagen. Es ist wie beim Laufenlernen: Manche brauchen länger, andere kürzer. Aber alle schaffen es. Nur Geduld! Sie können Ihrem Kind vertrauen. Es hat Ihnen die letzten Jahre gut zugehört und Sie gut beobachtet. Es ist bestens gerüstet.

Manche Regeln im Kindergarten sind für Einzelne schwer einzuhalten. Jedes Kind ist einzigartig und hat seine besonderen Bedürfnisse. Wenn es sich mit einer Sache sehr schwertut, wenden Sie sich an die Erzieher. Überlegen Sie gemeinsam, welchen Kompromiss sie eingehen können. Manche Dinge können Sie auch mit Ihrem Kind absprechen: Es hasst den Hosenwechsel vor dem Sport? Vielleicht hilft eine Sporthose unter der normalen Hose. Oder es darf sich allein in der Toilette umziehen. Nehmen Sie sich Zeit, oft haben die Kinder selbst die besten Ideen dazu.

Nicht immer läuft ein Tag im Kindergarten reibungslos. Ihr Kind kommt schlecht gelaunt oder wütend nach Hause, vielleicht gab es Streit mit Freunden oder Ärger mit den Erziehern. Was nun? Sollten Sie Ihr Kind noch mal an die Regeln erinnern? Es ermahnen, auf die Erwachsenen zu hören? Das ist nicht nötig. Erzieher und Kinder haben deutlich gemacht, was falsch gelaufen ist. Geben Sie Ihrem Kind Halt, haben Sie Geduld. Man darf auch mal Fehler machen: sich streiten, Aktivitäten nicht mitmachen, keine Lust haben. Niemand ist perfekt. Nehmen Sie Ihr Kind in den Arm, ermutigen und trösten Sie es. Morgen klappt es besser.

Ich wünsche Ihnen eine wunderbare Kindergartenzeit!

Sandra Grimm

Mehr von Christian Seltmann

Robin Cat
Die echt katzenstarke Rettung der Minigiraffen

Auch wenn Robin Cat am liebsten gemütlich mit seiner Gitarre am Lagerfeuer sitzt, steckt in ihm doch ein echter Abenteurer. Das beweist er seiner besten Maus – ähm, Freundin – Marie nur zu gern! Dazu hat er die allerbeste Gelegenheit, als Fanny, die Minigiraffe, seine Hilfe braucht. Robin zögert keinen Augenblick und bricht gleich auf zu einer echt katzenstarken Rettungsaktion.

Kleiner Ritter Kurz von Knapp
Ungeheuer große Abenteuer!

Abenteuer-Prüfung in der Ritterschule! Der kleine Ritter Kurz von Knapp soll in die Welt hinausziehen. Zum Glück kann er auf die Hilfe seiner heimlichen Freunde, der fabelhaften Kreaturen, zählen. Denn die wissen, wo man Abenteuer findet. Plötzlich sind alle anderen Ritter wie vom Erdboden verschluckt. Jetzt muss Kurz von Knapp all seinen Mut zusammennehmen, ein großes Rätsel lösen – und beweisen, dass er ein echter Held ist.

32 Seiten • Gebunden
ISBN 978-3-401-71018-1

88 Seiten • Gebunden
ISBN 978-3-401-70599-6
www.arena-verlag.de

Jonte Nina Fritz Leonie Luis Lotte